AF388784

LE
MARIAGE IMPOSSIBLE,

COMÉDIE-VAUDEVILLE EN DEUX ACTES,

PAR

MM. MÉLESVILLE ET CARMOUCHE;

Représentée pour la première fois, à Paris, sur le théâtre des Nouveautés,
le 5 juin 1828;

et reprise sur le théâtre du Gymnase.

DISTRIBUTION DE LA PIÈCE :

LA BARONNE DE LOUISBOURG.................. Mme FLORVAL.
FERDINAND, son neveu...................... M. ARMAND.
KOKMANN, intendant du château.............. M. BOUFFÉ.
AUGUSTA POLINSKY, sous le nom de Georges, en
    costume de jeune paysan.................... Mme GÉNOT.
BLOUM, fermier............................ M. ROGY.
CATHERINE, sa fille....................... Mlle VIRGINIE DÉJAZET.
VALETS, PAYSANS et PAYSANNES.

La scène se passe à la terre de la baronne, dans le duché de Brunswick.

ACTE PREMIER.

Le théâtre représente un paysage agréable, une montagne au fond; dans le lointain on aperçoit un château gothique; à gauche, l'entrée de la ferme de Bloum; à droite, une barrière à l'anglaise, et une avenue qui conduit au village.

SCÈNE I.

BLOUM, KOKMANN, DEUX VALETS.

(Kokmann et les deux valets sont enveloppés d'un manteau.)

KOKMANN, aux valets qui s'arrêtent au fond.

C'est bien, c'est bien, restez là, et attendez mes ordres.

BLOUM, sortant de la ferme.

Ah! c'est vous, monsieur l'intendant?

KOKMANN.

Venez ici, maître Bloum; écoutez-moi.

BLOUM.

Qu'y a-t-il donc, monsieur Kokmann? serait-il arrivé quelque malheur au château?

KOKMANN, mystérieusement.

Chut! je n'ai pas besoin de vous rappeler les bienfaits de madame la baronne de Louisbourg et de ses ancêtres... depuis plus de cent ans que vous êtes son fermier, de père en fils...

BLOUM.

C'est une si brave dame!... elle n'a pas sa pareille dans tout le duché de Brunswick.

KOKMANN.

Vous savez que depuis qu'elle est veuve... c'est moi, son intendant, qui la représente en tout et qui administre ses domaines.

BLOUM.

Eh bien! est-ce que je suis en arrière?

KOKMANN.

Il n'est pas question de cela... votre bail expire cette année.

BLOUM.

Oui, mais vous m'avez promis de le renouveler...

KOKMANN.

A quelle condition?

BLOUM, le regardant.

De suivre exactement vos ordres... dans une affaire... que vous n'avez jamais voulu m'expliquer...

KOKMANN.

Eh bien! maître Bloum, le moment est venu...

BLOUM.

Je suis prêt, parlez vite...

KOKMANN.

C'est justement... ce que je ne puis faire... La moindre parole indiscrète peut tout perdre.

BLOUM.

Il faut bien que je sache...

KOKMANN.

Du tout!... où serait le mérite d'obéir, si tu savais ce que tu fais?... moi qui te parle... la moitié du temps, est-ce que je le sais?... Je vais toujours... c'est tout ce qu'on te demande!... dispose d'abord ta fille à se soumettre aveuglément à ce qu'on va exiger d'elle.

BLOUM.

Ma fille! ça la concerne aussi?

KOKMANN.

Parbleu! c'est elle qui est cause..... une paysanne qui se permet...

BLOUM.

Quoi?.

KOKMANN.

De penser... ou plutôt... enfin c'est manquer de respect à madame la baronne.

BLOUM.

Ah! la malheureuse!... je vais la traiter!... Qu'est-ce qu'elle a donc fait?

KOKMANN.

Ça ne te regarde pas.

BLOUM.

C'est juste, je la battrai sans savoir.

KOKMANN.

Il est inutile de pousser le mystère jusque-là... Mais songe qu'il y va de l'honneur de la maison de Louisbourg... (Aux valets.) Vous autres, venez vous mettre en embuscade, et ne le manquez pas.

BLOUM.

Qui donc?

KOKMANN.

Chut!

AIR de la Lanterne sourde.

A tous mes ordres obéis,
  C'est ma volonté bien ferme,
Sans cela tu perdrais la ferme,
  Et tu quitt'rais le pays.
Silence!... aux yeux de la baronne
  Ta fille doit s' justifier :
(Après avoir regardé autour de lui.)
  Sur-tout n' répète à personne
  C' que j' viens de te confier.

ENSEMBLE.

KOKMANN.

A tous mes ordres obéis, etc.

BLOUM.

Puisque vous l' voulez, j'obéis,
  Dans mon devoir je m' renferme;

J'ons trop peur de perdre ma ferme
  Et de quitter le pays.

(Kokmann sort suivi des valets.)

SCÈNE II.

BLOUM, seul, très étonné.

Qu'est-ce que cela signifie? une embuscade... quelqu'un que l'on guette, et ma fille qui est mêlée dans tout ça... V'là déjà la peur qui me galope... et je veux savoir... (Il appelle.) Catherine?... Je vous demande un peu... m'enlever cette ferme... de si bons prés!... Catherine?

SCÈNE III.

BLOUM, CATHERINE.

CATHERINE.

Eh ben!... quoi donc, mon père? me voilà.

BLOUM.

Qu'est-ce que vous faisiez là haut, mam'zelle? Vous vous regardiez encore au miroir, je parie... au lieu de vous occuper, de travailler.

CATHERINE.

C'est ça, toujours travailler... Si vous croyez que c'est amusant.

BLOUM.

Petite sotte! tu t'imagines que c'est comme ça que l'on trouve un mari?... J'y renonce, va, jamais tu n'auras cet esprit-là.

CATHERINE.

Ah! bien oui... mais je n'y renonce pas, et pour preuve de ça, c'est que j'en ai trouvé, un mari.

BLOUM.

Toi?...

CATHERINE, souriant.

Je ne voulais pas vous le dire, parcequ'on m'a recommandé le secret... mais je n'y tiens plus. (A mi-voix.) Oui, mon père, un mari!... Mais dame! pas un mari comme un autre... pas un paysan!

BLOUM.

Oui-dà!... et c'est?

CATHERINE, à son oreille.

M. Ferdinand!...

BLOUM.

M. Ferdinand! le neveu de madame la baronne... son unique héritier?...

CATHERINE.

Et colonel encore!... rien que ça!...

BLOUM.

Miséricorde!... tout s'explique, petite malheureuse! sais-tu bien à quoi tu m'exposes?

CATHERINE.

Tiens, je vous expose à être le beau-père d'un baron... il me semble que ça ne vous compromet pas!...

BLOUM.

Il veut t'épouser, lui ?... laisse-moi tranquille...
il dit ça à tout le monde.

CATHERINE.

Eh bien ! alors pourquoi ne voulez-vous pas
qu'il me l'ait dit comme aux autres ?

BLOUM.

C'est que je ne puis croire... voyons, conte-
moi bien tout ce qui s'est passé, ne me cache
rien, que je tâche de raccommoder cela...

CATHERINE.

Voilà comme c'est arrivé : vous vous rappelez
ce petit Pierre que j'aimais tant ?...

BLOUM.

Oui...

CATHERINE.

C'est-à-dire... je l'aimais... je croyais l'aimer...
parceque quand il y en a trois ou quatre qui
vous font la cour à-la-fois, on n'est jamais bien
sûre... moi sur-tout, qui n'ai pas beaucoup de
tête et qui m'embrouille facilement... mais c'est
égal, je crois que je l'aimais, d'autant que vous
n' vouliez pas que je l'épouse.

BLOUM.

Parbleu ! il n'avait rien.

CATHERINE.

C'est ce que me disait M Ferdinand quand
il est revenu de l'armée !... aussi, dans mon intérêt, il engagea Pierre dans son régiment, le
fit caporal, et l'envoya en garnison bien loin,
bien loin... pour le faire avancer.

BLOUM.

C'était d'un bon maître...

CATHERINE.

Air de la Jeune Coquette (Amédée Beauplan).

Oui, mais moi j' pleurais,
    Je m' désolais
    De son absence ;
Lui, matin et soir,
    Par complaisance
    Venait me voir...
Pour m'en parler
Et pour me consoler.
Il m'apportait de ses nouvelles ;
Il m' disait les chos's les plus belles :
Il fallait bien l'écouter... car
C'était pour Pierre et de sa part...
    Puis il me jurait
    Que Pierr' mourrait
    De sa tendresse...
Il m'attendrissait
    Et puis sans cesse
    Il m'embrassait,
    Pour m'en parler
Et pour me consoler.
A chaqu' baiser, je disais quelle audace !
Ce n'est, monsieur, qu' son mari qu'on embrasse,
Il m' répondait que tout était changé,
Et que c't usage était un préjugé.
    Mais l' pauvr' Pierre, hélas !
    Ne r'venait pas...
    Dieu ! quel martyre !
    Il m' dit en secret

De ne rien dire...
    Qu'il m'épouserait...
    Pour m'en parler
Et pour me consoler.

BLOUM.

T'épouser !

CATHERINE.

Jugez si je fus joyeuse... un colonel au lieu
d'un caporal, ça me faisait joliment monter en
grade : malheureusement il était obligé d'aller
passer quelques jours chez un de ses amis, pour
une grande chasse ; mais il me promit qu'il re-
viendrait demain, qu'il aurait une voiture, et
que le soir même je serais sa femme...

BLOUM.

Ah ! mon Dieu !... et l' jour où vous avez fait
ce beau projet... quelqu'un vous aurait-il en-
tendus ?

CATHERINE.

Je ne sais pas, j'ai bien vu M. Kokmann se
glisser le long d'une charmille...

BLOUM.

C'est cela même... il aura tout conté à madame la baronne. Comment, impertinente, lever les yeux sur son neveu, sur un baron ! oser
lui plaire !... Lui manquer de respect à ce
point-là !

CATHERINE.

Parc' qu'il me trouve gentille, c'est lui manquer de respect !

BLOUM.

Oui, mademoiselle... Vous n'entendez rien
aux priviléges de la naissance ; mais moi, je
vous ordonne d'y renoncer... de l'oublier sur-
le-champ.

CATHERINE, se récriant.

L'oublier !... M. Ferdinand ?

BLOUM.

Oui, mam'zelle !

CATHERINE, pleurant.

Là, encore un mariage de manqué !... Les parents sont-ils terribles !... Je vous dis que je ne
pourrai jamais m'établir... Au moins on donne
des raisons.

BLOUM.

Des raisons !... Veux-tu me faire chasser du
pays ?

CATHERINE.

Qu'est-ce que vous me dites là !...

BLOUM.

Et toi-même ?... Sais-tu qu'on peut t'envoyer
à cent lieues d'ici, t'obliger à ne jamais te marier ?

CATHERINE, se récriant.

Ne jamais me marier ! par exemple, on n'a
pas ce droit-là... je réclamerai...

BLOUM.

Silence ! voici M. Kokmann ; sois bien douce,
bien soumise, ou je ne réponds de rien.

CATHERINE, se tenant contre son père.

Ah ! mon Dieu ! qu'est-ce qui va m'arriver

SCÈNE IV.

Les Mêmes, KOKMANN; deux Valets qui portent un panier long.

KOKMANN, à lui-même.

A merveille, nous le tenons; voilà qu'on me l'amène. (Apercevant Bloum et sa fille.) Eh bien! as-tu parlé à ta fille?

BLOUM, le regardant.

Oui, monsieur Kokmann, elle consent à tout.

CATHERINE, avançant la tête.

C'est-à-dire... je consens...

KOKMANN, gravement.

Pas d'observations, petite. Songez que madame la baronne est fort mécontente de vous. (Montrant le panier.) Vous allez mettre sur-le-champ cet ajustement complet qu'elle vous envoie.

CATHERINE, regardant dans le panier.

Comment, c'est pour moi cette belle robe, ces belles dentelles?

BLOUM, étonné.

Elle lui fait des cadeaux à présent!...

CATHERINE.

Ah ben! elle n'est donc pas si fâchée que vous le disiez?

KOKMANN.

C'est-à-dire qu'elle est furieuse, et que... (Tirant une petite boîte de sa poche.) Ah! j'oubliais... les boucles d'oreilles et la croix en or qu'elle m'a chargé aussi de vous donner.

CATHERINE, plus étonnée.

Une croix en or! (A Bloum.) Dites donc, mon père, voilà une drôle de manière d'être furieuse... Ah bien! qu'elle ne se gêne pas, qu'elle se mette en colère tout à son aise. (A Kokmann.) Ah çà, monsieur Kokmann, vous allez m'expliquer...

KOKMANN.

J'ai déjà eu l'honneur de dire à votre père que ça ne vous regardait pas...

BLOUM.

Ça ne nous regarde pas... c'est clair!...

CATHERINE.

C'est égal... moi, je veux savoir...

Air:

J' n'entends rien à tout ce mystère.

BLOUM.

Mais tu vas le mettre en colère.

CATHERINE.

C'est bien l' moins qu'on me dis', j'espère,
Ce qu'on veut faire
De moi.

KOKMANN, qui avait remonté la scène.

On vient, partez; puisqu'il le faut,
Dans un instant j'irai vous dire un mot...
Sans babiller
Va t'habiller.

BLOUM et CATHERINE.

Mais...

KOKMANN.

Justes Dieux!
Sont-ils curieux!

ENSEMBLE.

KOKMANN.

Vous allez savoir le mystère;
Souviens-toi qu'il faudra te taire,
Et bientôt tu sauras, ma chère,
Ce que l'on veut faire de toi.

CATHERINE.

Je n'entends rien à ce mystère;
Mais pourquoi
Veut-on me le taire?
C'est bien l' moins qu'on me dis', j'espère,
Ce qu'on veut faire
De moi.

BLOUM.

Nous allons savoir le mystère.
Avec moi
Rentre donc, ma chère,
Et bientôt tu sauras, j'espère,
Ce qu'on veut faire
De toi.

(Bloum et Catherine rentrent dans la maison, où les valets portent le panier et reviennent aussitôt.)

KOKMANN, seul.

Il était temps... voici notre petit bon homme!

SCÈNE V.

KOKMANN, GEORGES.

(Conduit par deux autres valets, Georges a un bâton à la main.)

GEORGES, se débattant.

Qu'est-ce que c'est, messieurs! voulez-vous bien me laisser! Pourquoi m'arrêter quand je passe sur la route? je ne fais de mal à personne.

KOKMANN.

Doucement!... doucement, on ne veut pas vous en faire non plus, mon cher ami... au contraire...

GEORGES.

Mais, enfin, vous me direz peut-être...

KOKMANN.

Allons, encore un qui veut savoir... ils sont uniques! (A Georges.) Tout-à-l'heure, mon ami, nous allons causer.

Air du vaudeville des Scythes.

Bien, la figure est d'assez bon présage.
Ah! le costume a l'air un peu criquet;
Mais les gants blancs et le bouquet d'usage...
Symbole heureux.
(Il lui met le bouquet à la boutonnière.)

GEORGES, surpris.

Que veut dire... un bouquet!

KOKMANN.

Rien n'aurait lieu, si cette fleur manquait.
Sans rien prouver cette coutume règne,

On le met là par l'usage obligé...
Comme un marchand qui laisse son enseigne
Souvent après qu'il a déménagé , (*bis*.)
   Même après qu'il a déménagé. (*bis*.)

GEORGES , étonné.

Est-ce une gageure ?

KOKMANN , à un valet.

Maintenant, cours prévenir le ministre de se
tenir prêt, de tout disposer... (A un autre.) Toi,
rassemble les témoins... le village ; (aux autres.)
et vous autres, retournez auprès de madame la
baronne.

(Ils sortent.)

SCÈNE VI.

KOKMANN, GEORGES.

GEORGES.

Ah çà, monsieur, je n'ai pas voulu vous
interrompre... mais vous vous êtes trompé...
regardez-moi bien... je ne vous connais pas...

KOKMANN.

Ni moi non plus... si vous le prenez par là !

GEORGES.

Je suis étranger... c'est la première fois que
je viens dans ce pays... et je ne vois pas ce que
je puis avoir à démêler...

KOKMANN.

C'est ce qui vous trompe, jeune homme, j'ai
pris mes informations sur vous...

GEORGES, à part , avec effroi.

O ciel ! aurait-on découvert...?

KOKMANN.

Vous avez passé cette nuit à l'auberge de la
Couronne ?...

GEORGES.

C'est vrai... j'y ai même laissé tout mon petit
bagage.

KOKMANN.

Cette maison est sous ma surveillance immé-
diate... et vos papiers m'ont été apportés.

GEORGES, inquiet.

Eh bien ! monsieur ?

KOKMANN.

Eh bien ! j'y ai vu qu'effectivement vous étiez
étranger... né en Pologne... je ne sais pas où...
c'est ce qu'il me faut... sans parents, sans fortune, ça m'a fait plaisir... et comme vous rem-
plissez toutes les conditions voulues, et que
vous me paraissez d'ailleurs un très honnête
garçon... je vous ai fait arrêter...

GEORGES.

Mais dans quel dessein, monsieur?

KOKMANN.

Ah ! diable, j'aurais bien voulu que la chose
eût pu se faire sans qu'il s'en doutât... mais
c'est difficile , vu qu'il s'agit de le marier sur-
le-champ.

GEORGES , avec un mouvement.

Me marier ?

KOKMANN.

Dans une heure il faut que ce soit une affaire
faite.

GEORGES.

Me marier ! et à qui donc , s'il vous plaît ?

KOKMANN.

Eh ! mais, à une jeune fille apparemment ;
tu n'as à t'occuper de rien, on te fournit tout ;
la famille , les habits , le beau-père , la mariée...
et une dot de dix mille florins... C'est un coup
de fortune pour toi; mais que veux-tu, la der-
nière levée nous a pris tous nos garçons, c'est
une disette effrayante !

AIR du vaudeville du Vieillard et la Jeune fille.

Tout' not' jeunesse est en déroute.

GEORGES.

Est-ce l'usage du pays
D'arrêter les gens sur la route
Et d'y recruter des maris ?

KOKMANN.

C'est bizarre, mais cela prouve
Qu'avec des filles à placer,
Il faut en prendre où l'on en trouve ,
Puisqu'ell's ne peuvent s'en passer.

GEORGES.

N'y comptez pas, je ne puis me marier !

KOKMANN.

Le serais-tu déja ?

GEORGES, embarrassé.

Non... mais enfin...

KOKMANN.

Alors tu y mets de la mauvaise volonté !

GEORGES.

Mais ce mariage est donc bien nécessaire ?

KOKMANN.

Indispensable ! pour empêcher un jeune
homme , l'héritier de ce domaine, de faire une
folie... d'épouser ta femme !...

GEORGES.

Ma femme !

KOKMANN.

Oui... celle que je te destine... une paysanne... une petite fille... La tante du jeune Ferdinand m'a donné carte blanche pour prévenir
un pareil scandale... Je pouvais faire disparaître
la petite... je pouvais prendre des mesures de
sûreté générale... mais ça entraînait des délais...
j'ai préféré un moyen plus doux ; et en usage
dans les grandes familles... Quand une petite
fille inquiète, on la marie tout de suite... c'est
reçu... Moi qui te parle, c'est comme ça que
madame Kokmann est devenue mon épouse,
une petite femme de chambre du château, que
le père de monsieur courtisait ; son grand-oncle
me la fit épouser sur-le-champ... Eh bien ! j'ai
été très heureux... j'ai eu de la considération...
une femme charmante, une jolie fortune, et des
enfants... Ah ! par exemple, des enfants su-
perbes... je n'en revenais pas... tu en auras
aussi... tu verras.

GEORGES.

Mais vous vous alarmez mal-à-propos : ce monsieur Ferdinand est d'une famille distinguée, ainsi...

Air de Marianne.

A fille sans nom, sans naissance
Il ne donnerait pas sa main.

KOKMANN.

Connais mieux son extravagance,
Demain il l'enlève.

GEORGES.

Demain !

KOKMANN.

Oh ! c'est un diable ;
Bon, vif, aimable,
Mais inconstant ;
Mais chaque jour passant,
De l'Italienne
A la Prussienne,
De la Française
A l'Anglaise !...

GEORGES.

Vraiment !

KOKMANN.

Sans s'arrêter, son cœur galope
Du nord au midi, sans regret ;
Et j'suis sûr qu'il a déjà fait
Deux fois son tour d'Europe.

Sans compter une grande aventure avec une petite Polonaise.

GEORGES, tressaillant.

Une Polonaise !...

KOKMANN.

Une jeune personne fort intéressante, à ce que nous a dit son valet de chambre ; orpheline, sans fortune ; mais fille d'un brave officier mort au service de l'empereur.

GEORGES, à part.

Qu'entends-je ?... (Haut.) Eh bien ?

KOKMANN.

Eh bien ! à son dernier voyage, il s'en est fait aimer... et après lui avoir promis de l'épouser, comme aux autres, il l'a abandonnée comme les autres ; il a quitté tout-à-coup Varsovie, qu'il habitait sous le nom de Gustave d'Herleim, et...

GEORGES, avec un cri.

C'est lui !

KOKMANN.

Eh bien ! qu'as-tu donc ? te voilà tout tremblant !

GEORGES, très ému.

Un souvenir de mon pays... Et vous dites qu'il en épouserait une autre ?

KOKMANN.

Ah ! mon Dieu, si elle n'est pas mariée aujourd'hui même...

GEORGES, troublé.

Et vous n'avez personne ?

KOKMANN.

Que toi !

GEORGES, vivement.

Eh bien, je consens, je consens à tout.

KOKMANN, avec joie.

Est-il possible ?...

GEORGES.

Oui, oui, pour lui enlever une nouvelle victime, pour empêcher... mais courez vite, ne perdez pas une minute !...

KOKMANN.

Allons, allons, le voilà plus pressé que moi, à présent. Il est très moral, ce petit bon homme... Sois tranquille... ta future est prête... et je vais... Ah çà, je te laisse sur parole ; ne va pas t'aviser de faire des réflexions... quand on se marie, ça ne vaut rien. (A part, en entrant dans la ferme.) D'ailleurs je ne lui laisserai pas le temps de respirer.

(Il sort.)

SCÈNE VII.

GEORGES, seul.

Me voici seule enfin !... Ah ! combien j'ai souffert ! Cet homme était loin de penser que l'infortunée dont il parlait était là... près de lui !... que sous ce déguisement, qui a pu seul protéger sa fuite, elle a tout quitté... son pays... cette ville... témoin de sa faiblesse, de sa honte. (Elle se cache la figure dans ses mains.) Oui, j'ai dû m'éloigner... je ne pouvais plus, sans rougir, entendre prononcer le nom de mon père !... et quand j'allais me réfugier chez le seul parent qui me reste... quand j'avais perdu tout espoir de retrouver l'auteur de mes maux... le sort me le fait rencontrer... c'était lui ! Gustave d'Herleim !

ROMANCE (de Brugnières).

Air : Vous avez préféré ma mère.

Un songe ne m'a point trompée.
Hier, pleurant près de ces lieux,
De son souvenir occupée,
Je crus le voir fuir à mes yeux !
Je le retrouve... et sa présence
D'effroi vient agiter mon cœur.
Toi, qui m'as ravi l'innocence,
Ah ! du moins, rends-moi le bonheur.

Mais deux ans de pleurs, de tristesse,
Hélas ! sont oubliés par lui !
Une autre a toute sa tendresse,
Une autre l'adore aujourd'hui !
Ah ! pauvre fille, à sa constance,
Va, ne crois point... il fut trompeur
Il te ravirait l'innocence,
Sans la payer par le bonheur !

Mais non, il ne peut m'avoir oubliée, il m'entendra... je réclamerai mes droits ! (Comme frappée d'un souvenir.) Ah ! grand Dieu ! j'y pense maintenant... qu'ai-je promis tout-à-l'heure !...

cette jeune fille... ce mariage... moi... son époux... Si l'on découvrait qui je suis... ah! j'aime mieux renoncer, m'éloigner; et cependant si c'est le seul moyen d'empêcher une union qui m'enlève tout espoir...Quel embarras!... Ciel! on vient!

(Il remonte la scène.)

SCÈNE VIII.

GEORGES, d'un côté, KOKMANN, BLOUM et CATHERINE, de l'autre. Ils sortent de la ferme; Kokmann donne la main à Catherine, qui est en costume de mariée de village; Bloum est aussi en habit de fête avec le bouquet à la boutonnière.

KOKMANN, à Catherine.

Allons, chère petite, pas d'enfantillage.

BLOUM, de même.

J'ai donné ma parole, ainsi il n'y a plus à s' dédire.

CATHERINE.

Oui, vous croyez que c'est facile de changer d'amour comme ça à volonté... encore si on vous donnait le temps.

KOKMANN.

Épousez toujours... vous l'aimerez si vous pouvez; on ne l'exige pas, d'ailleurs; on n'est pas ridicule...

CATHERINE.

Et ce pauvre monsieur Ferdinand, que va-t-il dire? je suis sûre que ça lui donnera un coup...

BLOUM.

Bah! il n'en mourra pas...

CATHERINE.

Mais enfin, ce mari... il faut le voir... J'ai bien voulu mettre ces habits et la fleur d'orange, parceque ça n'engage à rien... mais le mari... ça engage à quelque chose... et s'il ne me plaisait pas...

KOKMANN.

C'est juste; un petit bout d'entrevue avant la noce est de rigueur. (Regardant de côté.) Vous allez voir... (Le cherchant des yeux.) Où est-il donc? (Allant à lui.) Ne vous éloignez pas, cher enfant... il me fait des peurs!... (Lui montrant Catherine.) Voici la personne en question... allons, parle-lui... fais l'aimable... que diable! un garçon doit être plus hardi que ça...

GEORGES, embarrassé.

C'est que je vous avoue que c'est la première fois que je me trouve dans une pareille position... et...

KOKMANN, bas.

Laisse-moi donc tranquille... un gaillard bâti comme toi... tu vas me faire croire...

(Il le pousse.)

GEORGES, s'approchant de Bloum et de Catherine.

Monsieur... mademoiselle...

BLOUM, lui donnant une poignée de main.

Bonjour, mon gendre; enchanté de faire vo-

tre connaissance. (A sa fille.) Ah çà, regarde-le donc; (il la fait passer devant lui.) tu as un air gauche...

CATHERINE, bas, les yeux baissés.

Dame! quand il faut se marier comme ça à la première vue...

GEORGES, avec embarras.

Vous devez être bien surprise, mademoiselle, et moi-même j'éprouve un embarras...

CATHERINE, levant les yeux peu à peu.

Pauvre garçon! on dirait qu'il tremble! (Le regardant.) Tiens! mais il n'est pas mal, mon mari...

BLOUM, bas.

Un très joli garçon.

KOKMANN, bas.

Je crois bien, quand je m'en mêle!

CATHERINE, attendrie.

Ne trouvez-vous pas qu'il ressemble un peu à Pierre... ce pauvre Pierre, le caporal?...

BLOUM.

Oh! il est bien mieux!

GEORGES, à Catherine.

Vous êtes émue... et moi-même... mais rassurez-vous; regardez-moi comme un ami, comme un frère... et que le chagrin n'altère pas cette jolie figure...

CATHERINE.

Il parle très bien. (Haut.) Monsieur, vous êtes bien honnête, et si je vous connaissais davantage... mais quand on a un attachement... car je ne veux rien vous cacher...

GEORGES, vivement.

Je le sais, mademoiselle... mais cet attachement ne peut vous rendre heureuse, et s'il faut vous le dire... il me désespère, il me tue...

AIR : Hier encore j'aimais.

Plus que la mort je crains les suites
D'un amour qui fait mon tourment.

CATHERINE.

Eh quoi! j' fais des passions si subites!
Je n' l'aurais jamais cru, vraiment!

GEORGES, avec beaucoup d'ame.

Pour mon repos, pour votre bonheur même,
A vos genoux faut-il le réclamer?
Si vous voulez qu'à jamais je vous aime!
Ah! jurez-moi de ne plus l'aimer.
Ah! jurez-moi, oui, jurez-moi de ne plus l'aimer.

KOKMANN, à part.

Allons, allons, il y va en conscience.

CATHERINE, émue.

Il m'attendrit vraiment...

GEORGES, BLOUM et KOKMANN.

Eh bien?

CATHERINE, en soupirant.

Eh bien, dame! que voulez-vous que je vous dise? puisque madame la baronne l'exige, que mon père le veut, que M. Ferdinand ne peut être à moi... j'y renonce.

GEORGES, avec joie.

Est-il bien vrai!

CATHERINE , baissant les yeux.

Et je consens à vous épouser...

GEORGES , embarrassé.

A m'épouser! moi...

BLOUM et KOKMANN.

Victoire!

CATHERINE , à part.

Au fait, c'est un établissement... c'est un mari... (à Kokmann.) et j'ai idée qu'il me rendra très heureuse...

KOKMANN.

Il a tout ce qu'il faut pour ça. Mais ne perdons pas de temps, j'ai donné mes ordres... Tenez, voilà tout le village qui vient vous chercher pour la cérémonie.

GEORGES.

Déja!

KOKMANN.

Et madame la baronne elle-même qui vous fait l'honneur d'y assister en personne...

BLOUM, ôtant son chapeau et allant au-devant d'elle.

Madame la baronne...

SCÈNE IX.

LES MÊMES, PAYSANS et PAYSANNES en habits de fête, le bouquet au côté, et les violons; ensuite LA BARONNE.

CHOEUR.

AIR : Nous voici, nous voici de retour (LA BATELIERE).

Nous accourons vous fair' not' compliment;
    Combien vot' cœur doit êtr' content!
    Quel jour heureux! quel beau moment!
    Venez, le bonheur vous attend.

CHOEUR plus doux.

C'est pour la vie
    Que l' ciel vous lie; (bis.)
    Il doit bénir c' beau jour!
    Chantons et l'hymen et l'amour.
    Quel jour heureux! quel beau moment!
    Venez, le bonheur vous attend.

(La baronne entre, précédée de Bloum et suivie de ses valets; tout le monde salue.)

LA BARONNE, à Catherine qui court lui baiser la main.

C'est bien... de votre obéissance
    Mon cœur est touché, mon enfant.

(Regardant Georges.)

Son futur n'est pas mal, vraiment.

KOKMANN, à part.

Pour un mari de circonstance!...

LA BARONNE, aux deux jeunes gens.

Mes amis, il faut bien s'aimer; (bis.)
    Soyez heureux...

KOKMANN.

On vous l'ordonne.

CATHERINE, regardant Georges.

Puisqu'on le veut, madame la baronne,
    Il faudra bien s'y conformer. (bis.)

CHOEUR.

C'est pour la vie
    Que le ciel vous lie; (bis.)
    Il doit bénir un si beau jour!
    Chantons et l'hymen et l'amour, etc. (bis.)

LA BARONNE, aux paysans.

A merveille, mes enfants. C'est moi qui me charge de la noce... et je ne m'en tiendrai pas à ce que j'ai promis pour les deux époux. (Kokmann.) Monsieur Kokmann, j'espère que vous n'avez employé aucune violence?

KOKMANN.

Pas la moindre, madame la baronne.

LA BARONNE , souriant.

C'est que je me défie un peu de vous; vous m'avez à peine expliqué votre projet, et... Où avez-vous donc trouvé ce jeune homme? il n'est pas de ce pays...

KOKMANN, à mi-voix.

Non, non... j'aurai l'honneur de vous conter les détails... le plus pressé est de faire le mariage.

LA BARONNE, bas.

Mais au moins vous êtes sûr qu'ils se conviennent?

KOKMANN.

Qu'ils se conviennent!... pour un rien ce serait un mariage d'inclination; ils s'adorent, voyez comme ils se regardent tendrement...

(Les deux mariés dans ce moment se tournent le dos, ils paraissent distraits.)

KOKMANN, à part.

Eh bien!... à quoi rêvent-ils donc? (Poussant Catherine.) Allons donc, ma petite; (poussant Georges.) et toi, mon garçon, est-ce que tu crois qu'on te donne dix mille florins de dot pour regarder en l'air et ne pas être à ton affaire? (Regardant au fond.) Ah! mon Dieu! qu'est-ce que j'ai vu là!

LA BARONNE, bas.

Qu'est-ce donc?

KOKMANN, à mi-voix.

La voiture de M. Ferdinand.

LA BARONNE.

Tout est perdu !...

CATHERINE, à Kokmann.

Eh! mais, qu'avez-vous?

KOKMANN.

Rien... on vous attend; partez, partez...

GEORGES.

Mais je voulais...

KOKMANN , bas à Georges.

C'est notre jeune homme.

GEORGES, à part.

Ciel!

KOKMANN.

Donne vite le bras à ta femme.

GEORGES, troublé et prenant Catherine par la main.

Venez, venez...

KOKMANN, aux paysans.

Allons, en marche et le moins de bruit possible. (A la baronne.) Vous, madame la baronne, tâchez de le retenir ici... Je ne les quitte pas qu'ils ne soient mariés irrévocablement.

CHOEUR.

Air: Au marché qui vient de s'ouvrir (de LA MUETTE DE PORTICI).

Venez, venez, heureux époux,
Prononcer des serments si doux ;
Et que l'hymen et les amours
Vous préparent les plus beaux jours !
Entendez-vous sur ces coteaux
Nos tambourins, nos chalumeaux? (bis.)
Tous les échos des environs
Répètent déjà nos chansons,
Car le bonheur de nos amis
En est un pour tout le pays.
Venez, venez, heureux époux,
Prononcer des serments si doux !

(Ils sortent tous; Kokmann les suit en faisant des signes à la baronne. La ritournelle continue en sourdine et en s'éloignant jusqu'aux premières lignes de la scène dixième.)

SCÈNE X.

LA BARONNE, seule.

Oui vraiment, le voilà qui accourt de ce côté... Ah ! monsieur le mauvais sujet... je vous apprendrai à vouloir séduire mes pauvres petites paysannes... chut !...

(Elle se met de côté.)

SCÈNE XI.

LA BARONNE; FERDINAND, en négligé de voyage.

FERDINAND, à la cantonade.

Fritz, cache tes chevaux derrière la haie, et attends-moi. (Sans voir la baronne, et suivant des yeux la noce qui s'éloigne.) Une fête!... tant mieux ! tout le village sera occupé d'un autre côté. (S'avançant vers la ferme.) Pourvu que cette petite Catherine ne soit pas sortie. (Il se trouve nez à nez avec la baronne.) Ciel ! ma tante !

LA BARONNE.

Comment, c'est toi, mon cher neveu?... Je ne t'attendais pas sitôt.

FERDINAND, embarrassé.

Oui... je venais... je voulais... Votre santé, ma chère tante ?

LA BARONNE.

Air: De sommeiller encor, ma chère.

Pour ma santé, Dieu ! quel beau zèle !
Par un soin tout particulier,
Pour en avoir quelque nouvelle,
Tu venais donc chez mon fermier ?

FERDINAND.

Impatient de vous rendre visite...
Je me pressais...

LA BARONNE, souriant.

Vraiment, pauvre garçon.

C'était pour arriver plus vite
Que tu prenais le chemin le plus long.

FERDINAND, plus troublé.

Non, ce n'est pas cela ; j'ai rencontré quelqu'un... c'est-à-dire on m'a prévenu que vous étiez ici, et alors... (D'un air ouvert.) Tenez, ma tante, s'il faut vous l'avouer, depuis quelque temps votre santé ne vous permet plus de visiter vos vassaux... je me suis chargé de ce soin ; tous les matins je viens comme cela, sans façon, causer avec ces bons paysans, m'occuper de leur bonheur.

LA BARONNE.

On prétend même que tu t'en occupes beaucoup trop... ça les inquiète.

Air d'Aristippe.

Le pauvre fuit des soins tels que les nôtres ;
Car plus d'un riche, il faut en convenir,
Ne travaille au bonheur des autres
Que pour songer à son propre plaisir ;
De leurs égaux ils doivent le tenir.
Oui, le bonheur, dans une classe obscure,
Est une fleur trop facile à flétrir,
Dont il faut laisser la culture
A celui qui doit la cueillir.

FERDINAND, à part.

Ah! mon Dieu ! elle sait quelque chose. (Haut.) Comment, ma tante...?

LA BARONNE, lui prenant la main.

Allons, mon cher Ferdinand, n'ai-je donc pas été assez indulgente pour toutes tes folies? n'est-il pas temps enfin de renoncer à cette vie dissipée? de faire un choix, de vivre tranquillement près de moi, avec ta femme, tes enfants?

FERDINAND, cherchant des yeux.

Certainement, ma tante, c'est bien mon intention, et plus tard... Mais pardon... J'ai un mot à dire à Bloum votre fermier.

LA BARONNE.

Pour lui faire part du mariage que tu as en vue pour sa fille ?

FERDINAND, confondu.

Pour sa fille?... A ce ton de persiflage, je vois, ma tante, qu'on a calomnié mes intentions. Je m'intéresse à cette petite, c'est vrai, parceque vous vous y intéressez vous-même, parcequ'elle est gentille, naïve... Qui pourrait me blâmer de lui chercher un mari ?

LA BARONNE.

Oh! ce ne sera pas moi... car, tandis que tu le cherchais, je l'ai trouvé.

FERDINAND.

Un mari... pour Catherine ?

LA BARONNE.

Sans doute.

FERDINAND, décontenancé.

Ah ! cela se rencontre parfaitement.

LA BARONNE.

N'est-ce pas ?

FERDINAND.

Et vous comptez faire ce mariage ?

LA BARONNE.

Aujourd'hui même.

FERDINAND, s'oubliant.

O ciel! est-il possible! Je ne souffrirai pas...
je cours...

LA BARONNE, l'arrêtant.

Eh bien! eh bien! mon neveu, y pensez-
vous? un pareil scandale...

FERDINAND.

C'est qu'il est inouï... Sacrifier un enfant avec
cette précipitation... et quel est ce mari?... un
rustre... un paysan...

LA BARONNE.

Mais non, il est fort bien...

FERDINAND.

Raison de plus, il fallait s'informer... il y a
tant de mauvais sujets!...

LA BARONNE.

Kokmann en répond, c'est lui qui a tout
conduit.

FERDINAND.

Kokmann! (A part.) Ah! maudit intendant,
tu paieras pour tout le monde; et quant au fa-
quin qui se permet d'aller sur mes brisées!...
(Haut.) Venez, ma tante, il faut suspendre ce
mariage, il faut empêcher...

(On entend des coups de fusil et des cris de joie.)

LA BARONNE.

Il n'est plus temps... c'est fini...

FERDINAND, furieux.

Comment!...

·ᴑᴑᴑᴑᴑᴑ··ᴑᴑ

SCÈNE XII.

Les Mêmes, KOKMANN, BLOUM, CATHE-
RINE, GEORGES, toute la noce.

FINAL.

Air : Vive Ferdinand! (Deuxième final de Léocadie.)

CHOEUR, accourant.

Ils sont unis.

FERDINAND, furieux.

Qu'ils craignent ma vengeance.

CHOEUR.

Ils sont unis.

FERDINAND.

Je punirai l'audacieux!

(Les mariés arrivent entourés de Kokmann , de Bloum et
précédés des paysans et des jeunes gens armés de fusils
et portant des rubans à leurs chapeaux.)

CHOEUR.

Ah! quel beau jour pour eux commence!
Ils sont unis, ils sont heureux!
Du bonheur la douce espérance
Se lit dans leurs traits, dans leurs yeux.

(Ferdinand se trouve en ce moment près de Catherine, qui
arrive en sautant.)

FERDINAND, bas à Catherine.

O perfidie!
Recevez donc mon compliment.

GEORGES, le reconnaissant , à part.

C'est lui!

CATHERINE, interdite.

C'est lui, c'est monsieur Ferdinand.

FERDINAND.

Est-ce ainsi que votre ame oublie
Mon amour et vos serments?

CATHERINE, balbutiant.

Mon Dieu, ce n'est pas moi!

KOKMANN, à Ferdinand.

Monsieur?

FERDINAND.

Silence!

LA BARONNE.

Allons donc... calme-toi!

FERDINAND, avec une colère concentrée.

Voyons du moins l'heureux mari que l'on préfère.

GEORGES, à part.

Je tremble, hélas!
Quel embarras!

FERDINAND, s'approchant de Georges.

A ma colère
On ne pourra
Le dérober.

CATHERINE, timidement.

Mais le voilà!

(Ferdinand regarde Georges, fixe un moment d'un œil et
recule tout troublé.)

FERDINAND, troublé.

Dieu! qu'ai-je vu?
Ces traits!... que mon cœur est ému!

(Silence. — Le trouble de Ferdinand augmente, il regarde
sans quitter Georges des yeux, tout le monde le regarde
avec étonnement.)

Air : Mais au salon, j'irai demain (une Folie).

CATHERINE, à part.

Comme il s'est apaisé soudain!

GEORGES, à part.

Dieu! quel trouble agite mon sein!

CATHERINE, à part.

Qui peut donc causer son chagrin?

FERDINAND, à part.

Dieu! quel trouble agite mon sein!

ENSEMBLE.

LA BARONNE , CATHERINE, KOKMANN, BLOUM,
à mi-voix.

Mais quel mystère!
De sa colère
Le voilà revenu.
Voyez comme il est confondu;
Il tremble, il paraît tout ému.
Quel est donc ce mystère?

FERDINAND, à part.

Sachons nous taire.
Que mon cœur est ému!
D'honneur, je reste confondu;
Ce regard, je l'ai reconnu;
Quel est donc ce mystère?

GEORGES, à part.

Ah ! ce mystère
Me désespère.
Le voilà , je l'ai vu ;
Il tremble, il reste confondu.
Grand Dieu ! que mon cœur est ému
D'amour et de colère !

CHŒUR DE PAYSANS, à mi-voix et entre eux.

Comme il est confondu !
Voyez comme il est confondu ;
Il tremble, il parait tout ému.
Quel est donc ce mystère?

LA BARONNE, les examinant.

Puisque l'on est d'accord , enfin...

FERDINAND, à part, et regardant toujours.

Se pourrait-il que le destin...!

LA BARONNE, de même.

Nous assisterons au festin.

KOKMANN, aux paysans.

Allons, amis, partons soudain.

FERDINAND, toujours préoccupé.

Mais une erreur m'abuse ici ,
Ces habits... ce nom de mari.

GEORGES , à Catherine en lui offrant son bras.

Allons, venez, partons aussi...

FERDINAND, tressaillant et avec un mouvement marqué.

Juste ciel ! et la voix aussi...

ENSEMBLE.

LA BARONNE, CATHERINE, BLOUM, KOKMANN, le regardant et plus étonnés.

Mais quel mystère !
Sachons nous taire.
Il est tout éperdu ;
Voyez comme il est confondu, etc.

FERDINAND, à part.

Mais quel mystère !
Sachons nous taire, etc.

GEORGES, à part.

Ah ! ce mystère
Me désespère , etc.

CHŒUR, à mi-voix.

Comme il est confondu, etc.

(Toute la noce défile , Ferdinand donne la main à sa tante,
sans quitter Georges des yeux.)

ACTE SECOND.

Le théâtre représente une salle basse de ferme ; au fond, deux larges croisées et une porte sur la campagne ; à droite du spectateur, une porte conduisant à la chambre des mariés ; meubles très simples.

SCÈNE I.

CATHERINE , GEORGES, BLOUM,
Paysans et Paysannes.

(Au lever du rideau les fenêtres et la porte sont ouvertes, et laissent voir Bloum et les paysans assis à des tables chargées de verres et de bouteilles, et placées sous le feuillage. Georges est debout, appuyé contre une fenêtre, et regarde la compagnie d'un air distrait. Catherine et les jeunes paysannes chantent et dansent une ronde sur le devant de la scène.)

CATHERINE.

Air : Amis, la matinée est belle (LA MUETTE DE PORTICI)

PREMIER COUPLET.

Jadis aux fillett's du village,
La vieille Anna dans ses chansons
Disait : Pour entrer en ménage,
Pour enchaîner jeunes garçons...
Des galants l' soir dans la bruyère
Fuyez tous les pas ;
Avant qu'ils n' parlent du notaire,
Sur-tout n' cédez pas,
Et les maris n' vous échapperont pas.

LE CHŒUR reprend ainsi que les buveurs pendant que
l'on danse.

Des galants l' soir, etc.

CATHERINE.

DEUXIÈME COUPLET.

Après quèqu' mois de mariage
S'ils vous paraiss'nt moins amoureux ,
Enfin si leur cœur d'vient volage,

Ne dites rien , fermez les yeux.
Quelque chagrin que soit le vôtre ,
Pleurez, mais tout bas,
Fait's semblant d'en aimer un autre,
Sur-tout point d' faux pas,
Et vos maris n' vous échapperont pas.

(On danse.)

CATHERINE, essoufflée.

Ah ! c'est gentil, une noce ; mais un bal sans cavaliers, c'est ennuyeux. Eh bien ! où est donc mon mari ? (Elle l'aperçoit.) Ah ! le voilà... Venez donc ici, monsieur, il faut tenir compagnie aux dames.

GEORGES , distrait.

Je regardais... le pays, qui est très beau...

CATHERINE.

Il me semble qu'il y a autre chose à regarder que le pays.

LES BUVEURS, en dedans.

A la santé des mariés... Vivent les mariés !

BLOUM , entrant et un peu en train.

C'est ça... à leur santé... s'ils ne se portent pas bien... au train dont nous y allons... il y aura bien du malheur...

SCÈNE II.

LES MÊMES, KOKMANN.

BLOUM.

Ah ! v'là monsieur l'intendant. (Il s'avance et

tenant une bouteille et un verre.) Il va trinquer avec nous.

KOKMANN.

Laissez-moi donc tranquille ; est-ce que j'ai le temps d'avoir soif ? Dites-moi, mes enfants, personne de vous n'a vu M. Ferdinand ? Il n'a pas reparu au château depuis deux heures... ça inquiète madame la baronne.

CATHERINE.

C'est vrai, il nous a quittés tout de suite.

GEORGES, à part, et tristement.

Il m'a reconnu, et s'est éloigné pour ne pas me revoir.

CATHERINE, à part, et soupirant.

Pauvre jeune homme ! j'étais sûre que ça lui ferait cet effet-là !

KOKMANN, à lui-même.

Il aura été faire sa cour à quelque belle dans le voisinage.

CATHERINE, à part.

Air du vaudeville de la Robe et les Bottes.

D'amour pour moi j'ai bien peur qu'il n' se tue.

GEORGES.

Peut-être au loin la chasse l'a conduit...

BLOUM.

Comment chasser, quand la nuit est venue ?

KOKMANN, d'un air malin.

Cela dépend de l'objet qu'on poursuit.
Matin ou soir, et quelque temps qu'il fasse,
Il est certain gibier, mon cher...
Du moment qu'on est sur la trace,
On n'a plus besoin d'y voir clair.

Mais cela ne nous regarde pas... Ah çà, mes bons amis... tout s'est fort bien passé... il s'agit maintenant d'être heureux, de bien vivre ensemble, j'y tiendrai la main. (Regardant autour de lui.) Vous devez être contents de la petite maison que madame la baronne vous a donnée...

CATHERINE.

Elle est charmante...

KOKMANN.

Et très commodément distribuée. (Montrant la porte à gauche.) Il n'y a qu'une seule chambre à coucher... que voici (donnant une petite tape sur la joue de Catherine.); et puis, c'est tout près de la ferme du papa.

BLOUM.

Je n'aurai qu'un pas à faire pour venir jouer avec mes petits-enfants, et j'espère bien qu'ils ne se feront pas attendre long-temps.

CATHERINE, embarrassée.

Dame ! mon père !

GEORGES, de même.

Certainement... monsieur Bloum.

BLOUM.

Monsieur Bloum ! monsieur Bloum ! est-il drôle avec ses politesses !

Air du vaudeville de Fanchon.

Quell's phras's vient-il me faire ?
On répond : Oui, beau-père,

Morbleu ! comptez sur moi...
(Il lui prend la main.)
Ta parole est donnée,
Il faut que j'aie, arrange-toi,
Un p'tit-fils dans l'année...
Ou tu m' diras pourquoi !
(Catherine et Georges baissent les yeux.)

KOKMANN, montrant Georges.

Laisse donc, c'est que ce luron-là est impatient !... tu ne vois pas que nous les gênons !...

BLOUM.

Au fait, je n'y pensais pas. (A mi-voix.) Si nous les laissions, hein ?...

GEORGES, à part.

Ah ! mon Dieu ! qu'est-ce qu'il dit donc ?

KOKMANN.

Sans doute... emmène tout ce monde-là à la ferme.

GEORGES, voulant sortir.

Je vais les conduire, monsieur Bloum.

BLOUM, l'arrêtant.

Veux-tu bien rester ! c' maladroit ! on lui ménage un tête-à-tête... et il s'en va ! (Aux paysans.) Ah çà, vous autres, il est temps de souhaiter une bonne nuit aux mariés.

CATHERINE, les yeux baissés et d'un air effrayé.

Comment, mon père, vous nous quittez déjà ?

KOKMANN, d'un air goguenard.

Ne faites pas attention, nous avons des affaires... son bail à signer. (La prenant à part.) Vous savez ce que je vous ai dit, ma petite ; soyez bonne, soumise, et vous obtiendrez tout de votre mari.

BLOUM, bas à Georges.

De la douceur, et tu en feras tout ce que tu voudras.

(Il embrasse Catherine sur le front.)

CATHERINE.

Mais, mon père...

BLOUM.

Ah çà, pas de larmes, je t'en prie, qu'est-ce que c'est donc que ça ?

CHŒUR, en s'éloignant, à mi-voix.

Air : Allons, mettons-nous en voyage (BATELIÈRE DE BRIENZ).

Partons, amis, déjà la nuit commence ;
De ce séjour éloignons-nous sans bruit.
Oui, le bonheur veut l'ombre et le silence.
Heureux époux !... adieu donc... bonne nuit.

(Ils sortent tous ; les fenêtres et les portes se ferment. — Deux lampes allumées que l'on peut prendre à la main ont été apportées par une servante et posées sur la table à gauche.)

SCÈNE III.

GEORGES, CATHERINE.

(Georges a remonté la scène et paraît fort embarrassé ; Catherine est de l'autre côté, très émue.)

GEORGES, à part.

Nous voilà seuls...

CATHERINE, à part.

Au fait, mon père a eu raison... on n'est pas
fâché de se trouver chez soi et pouvoir parler
ménage...

GEORGES, à part.

C'est que ma position devient très embarras-
sante...

CATHERINE.

Je suis curieuse de savoir ce qu'il va me dire...

GEORGES, à part.

Avouer que je les ai trompés ! il faudra partir... sans connaître mon sort... et s'il cherche à
la revoir... j'ai cru entendre ce matin : Je ne la
quitterai pas...

(Il prend une chaise, et s'assied du côté opposé à Catherine.)

CATHERINE, assise de l'autre côté.

Eh bien ! qu'est-ce qu'il a donc, de se mettre
à une lieue? on est donc obligé de crier... (Elle
tousse.) hem ! hem !... il n'a pas l'air d'entendre !
mais à quoi pense-t-il... je vous le demande?...
(D'un air boudeur.) Par exemple, si c'est là le
mariage... c'est bien amusant !... ah ! mon Dieu !
est-ce qu'il dort?

AIR : Bonheur de se revoir (Tyrolienne de M. Amédée
Beauplan).

Voilà donc ce lien que l'on dit plein de charmes !

GEORGES, rêveur, et à part.

Voilà donc ses serments... l'amour qu'il me jura !

CATHERINE.

Pour commencer... je suis près de verser des larmes.

GEORGES.

Je voudrais le bannir de ce cœur qu'il trompa,
(Soupirant.)
Ah !

CATHERINE, soupirant.

Ah !

GEORGES.

Son image est toujours là.

CATHERINE.

Ah !

GEORGES.

Ah !

CATHERINE.

Quel ennui que c' bonheur-là !

ENSEMBLE.

Ah ! ah !
Son image est toujours là,
Quel ennui que c' bonheur-là !

DEUXIÈME COUPLET.

GEORGES, de son côté.

Je crois le voir encor... je crois encor l'entendre.

CATHERINE, de même.

Tous les maris, hélas ! sont-ils comme cela ?

GEORGES.

Et comment résister à ce regard si tendre !

CATHERINE.

Ne pas se dire un mot, et s' tourner l' dos déjà !
(Pleurant presque.)
Ah !

GEORGES, soupirant.

Ah ! son image est toujours là.

CATHERINE.

Ah !

GEORGES.

Ah !

CATHERINE.

Quel ennui que c' bonheur-là !

ENSEMBLE.

Ah ! ah !
Son image est toujours là,
Quel ennui que c' bonheur-là !

CATHERINE, se levant.

Mais ça ne peut pas durer comme ça ; je veux
savoir ce que cela signifie.

(Elle vient auprès de lui.)

GEORGES, se retournant.

Ah !... c'est vous... Catherine?

CATHERINE, d'un ton doux et caressant.

Oui, monsieur ; puisque vous ne voulez pas
venir près de vot' femme... il faut bien qu'elle
vienne auprès de vous... oh ! je ne suis pas fière,
moi !

(Elle lui prend la main.)

GEORGES, à part.

Dieu ! comment éviter l'explication?

CATHERINE, tendrement.

Voyons, monsieur, qu'est-ce que vous avez,
pour bouder ainsi dans votre coin ?... au lieu de
causer avec moi de notre petit ménage, du bonheur qui nous attend... Quoique nous nous con-
naissions à peine, vous savez bien que je n'aurai
jamais d'autre volonté que la vôtre... il est si
doux de vivre toujours de bon accord ! (plus tendrement) n'est-ce pas, mon ami?

GEORGES, à part.

Pauvre petite !... mais cela devient trop sérieux... et je n'ai qu'un moyen, c'est de tâcher
de nous brouiller... de lui chercher dispute...

CATHERINE, lui faisant tourner la tête.

Eh bien ! monsieur, vous ne me dites rien...
vous ne répondez pas....

GEORGES, d'un air impatient.

Laissez-moi !

CATHERINE.

Décidément vous avez quelque chose.

GEORGES, se levant brusquement.

AIR : Adieu, je vous fuis, bois charmants.

Oui, mademoiselle... déja
Le chagrin me déchire l'ame.

CATHERINE.

Un mari s' conduire comm' ça,
Et dir' mad'moiselle à sa femme !
Peut-être que d'puis ce matin
La chose est encor trop nouvelle ;
Mais j'espère bien que demain
Vous n' m'appell'rez plus mad'moiselle.

GEORGES, continuant.

Puisque vous voulez le savoir... je suis... je
suis furieux...

CATHERINE, tremblante.

Contre moi ?... Et qu'est-ce que j'ai fait ?

GEORGES, cherchant.

Vous me le demandez ! (Haut et la prenant par le bras.) Croyez-vous donc que je n'ai pas remarqué votre coquetterie... vos regards à monsieur Ferdinand ? vous ne l'avez pas quitté des yeux !...

CATHERINE.

Par exemple, si on peut dire... c'est plutôt vous, qui le regardiez toujours.

GEORGES, embarrassé.

Moi !

CATHERINE.

Et même quand il s'est éloigné... j'ai vu une larme s'échapper de vos yeux... et je voulais vous demander précisément...

GEORGES, à part.

O ciel !... moi qui croyais l'embarrasser. (Haut.) Il n'est pas étonnant que j'aie été choqué... d'une conduite...

CATHERINE, d'un ton caressant.

Eh bien, ne vous fâchez pas ; j'ai tort, j'en conviens... mais ça ne m'arrivera plus... je vous en demande pardon...

GEORGES, à part.

C'est désolant... elle est d'une douceur !... il n'y a pas moyen de la quereller...

CATHERINE.

Allons, monsieur, faisons la paix... là... embrassez-moi. (Elle tend la joue.) Eh bien ?...

GEORGES.

Ce n'est pas tout encore, il vous a parlé à l'oreille...

CATHERINE.

C'est vrai...

GEORGES.

Il vous a demandé un entretien secret...

CATHERINE.

Mais j'ai refusé...

GEORGES.

Cela n'est pas sûr...

CATHERINE, sanglotant.

Par exemple, c'est affreux ! me croire capable... Vous aurez beau faire... je ne vous en aimerai que davantage, parceque c'est mon devoir... parceque je suis votre femme !... On vient, monsieur ; je vous en prie, n'ayez pas l'air... une dispute le premier jour ! qu'est-ce que diraient les voisins ?...

<hr>

SCÈNE IV.

LES MÊMES, FERDINAND.

FERDINAND, à part, et au fond.

Ils sont seuls !...

GEORGES, à part et tressaillant.

C'est lui !...

CATHERINE, à part.

Dieu ! monsieur Ferdinand... là, mon mari va me croire coupable...

FERDINAND, à part.

J'avais d'abord résolu de m'éloigner... mais cette ressemblance est si extraordinaire... (Haut et s'avançant.) Pardon, mes amis, de n'avoir pas joint plus tôt mes félicitations... mais je voulais en même temps offrir à la mariée mon présent de noce...

(Il tire une chaîne d'or, qu'il offre à Catherine.)

CATHERINE, embarrassée et regardant Georges.

Monsieur, je ne sais si je puis me permettre d'accepter...

FERDINAND, la regardant.

Pourquoi donc ?

CATHERINE, bas à Ferdinand.

Prenez garde, monsieur Ferdinand, j'ai déjà eu une scène à cause de vous... il est jaloux comme un tigre.

FERDINAND, à mi-voix.

Ah ! il est jaloux !... je vais arranger cela... accepte toujours provisoirement... (Il lui donne la chaîne.—Haut, à Georges.) Dites-moi, monsieur... (A Catherine.) Comment s'appelle ton mari, Catherine ?

CATHERINE.

Mon mari ? est-ce que je le sais ?

FERDINAND, riant.

Comment ?

CATHERINE.

Dame ! ça s'est fait si vite !...

GEORGES, froidement.

Je m'appelle Georges, monsieur.

CATHERINE.

Ah ! c'est ça, il s'appelle Georges !

FERDINAND, le regardant.

Georges... c'est un nom...

CATHERINE.

C'est un nom comme un autre... (A part.) Mais qu'est-ce qu'il a donc à le regarder ?...

FERDINAND, à part.

Il est impossible que le hasard seul... (A Catherine.) Écoute, ma petite Catherine.

CATHERINE, à part.

C'est ça, il veut me parler en particulier... mais je ne peux plus .. (Haut.) Monsieur, maintenant je suis mariée, et si vous avez quelque chose à me dire, c'est à mon mari qu'il faudra vous adresser...

FERDINAND.

C'est justement pour cela... fais-moi le plaisir de t'en aller...

CATHERINE, étonnée.

De m'en aller ?...

GEORGES, à part.

Quel est son projet ?...

FERDINAND.

Oui... laisse-nous un moment... j'ai à causer avec ton mari.

CATHERINE, étonnée.

C'est qu'il est piqué. (A Ferdinand.) Vous avez tort de m'en vouloir, monsieur Ferdinand... car enfin ce n'est pas ma faute... si on m'a mariée...

FERDINAND.

Air : *Gai, Coco.*

Cesse un pareil langage :
Tu me plains, je le gage ;
Mais de ton mariage
Je n'aurai nul chagrin.

CATHERINE.

Vous mentez, j'en suis sûre !

(*Prenant une lampe.*)

Mais dans c'te chambre obscure
J'aurai peur, je vous jure.

FERDINAND.

Ne crains rien, pars soudain.

CATHERINE, revenant avec effroi.

Non, vraiment, j' crains les suites.

FERDINAND.

A la fin tu m'irrites ;
Je veux que tu nous quittes...

CATHERINE.

Croyez-vous qu' c'est genti,
Quand on aim' son mari... (*bis.*)
De r'cevoir des visites
A cette heure-ci ?

(*Elle entre dans la chambre.*)

SCÈNE V.

FERDINAND, GEORGES.

GEORGES, à part, pendant que Ferdinand remonte la scène pour s'assurer que personne n'écoute.

Le voici donc, près de moi... mais quel dessein l'y ramène ?...

FERDINAND, à part.

Plus je l'examine... je m'y perds... mais ce mariage... tâchons de savoir la vérité...

GEORGES, froidement.

Eh bien ! monsieur, que me voulez-vous ? vous avez desiré me parler...

FERDINAND, légèrement.

Oui, mon cher Georges, nous avons à causer ensemble... de beaucoup de choses... de ta femme d'abord ; (*le regardant.*) allons, je vois à ton sourire... qu'on t'a déja prévenu contre moi... on t'aura persuadé que j'avais cherché à lui plaire... à la séduire !... pur badinage, mon ami, qui ne doit nullement t'inquiéter... ce que j'ai à te dire en ce moment est beaucoup plus sérieux... Tu n'es pas de ce pays ?

GEORGES, hésitant.

Non, non, monsieur.

FERDINAND.

Et qui t'a engagé à quitter le tien ?...

GEORGES.

Des malheurs ! c'est mon secret !

FERDINAND.

C'est trop juste... cela ne me regarde pas... mais te voilà marié, c'est fort bien ; tu vas te fixer ici, par conséquent tu vas dépendre de ce domaine.

Air du vaudeville de Turenne.

Pour mes vassaux je suis un fort bon maître ,
Je les protége, ils sont tous bien traités...
Mais tu conçois qu'il me faut te connaitre
Pour t'accorder mes bienfaits, mes bontés :
Je veux savoir s'ils seront mérités.
En ta faveur ta figure réclame ;
Mais des traits fins, douce voix, yeux charmants,
Ne sont pour moi de bien bons répondants,
    Que lorsqu'il s'agit d'une femme.
Je jurerais que je t'ai déja vu.

GEORGES, à part.

Le cœur me bat. (*Haut.*) Moi !... vous vous trompez sans doute , car je ne me rappelle pas...

FERDINAND.

Si fait... si fait, en Pologne... eh ! parbleu c'est cela ; il y a deux ans, à Varsovie, quand je m'y arrêtai avec un de mes amis, Gustave d'Herlein.

GEORGES, avec un mouvement.

Gustave !...

FERDINAND, à part.

Ce nom le fait tressaillir ! (*Haut.*) Qu'as-tu donc ? le connaitrais-tu ?

GEORGES.

Je ne l'ai jamais vu... mais je vous en prie, monsieur, si vous voulez que je vous écoute... ne prononcez plus ce nom devant moi.

FERDINAND.

Pourquoi donc ?

GEORGES.

Je ne puis l'entendre de sang-froid.

FERDINAND.

Raison de plus... je veux savoir... d'ailleurs... c'est mon ami... si quelqu'un croit avoir à se plaindre de lui... si on le calomnie, je suis là pour le défendre.

GEORGES, amèrement.

Ah ! ne l'espérez pas.

Air de Lantara.

Pourriez-vous chercher à défendre
L'homme cruel qui trouve son plaisir
    Dans des larmes qu'il fait répandre,
Dans des serments qu'il ne veut pas tenir,
    Et met sa gloire à les trahir ?
Peut-il avoir un titre à votre estime,
Celui qui fut un lâche séducteur ?
Songez, monsieur, qu'on partage le crime
    Dont on se fait le défenseur.

FERDINAND.

Ah ! je devine ! tu veux parler de cette jeune Augusta Polinsky...

GEORGES, en se cachant la figure.

Augusta !

FERDINAND, vivement.

Te voilà plus ému, tu la connaissais donc ?... parle... je t'en conjure... quels liens... quel intérêt si tendre peut t'attacher à elle ? pourquoi cette chaleur ?

GEORGES, relevant la tête et le fixant.

Pourquoi ? elle est ma sœur, monsieur.

FERDINAND, frappé.

Votre sœur!... il se pourrait... eh bien! Georges, si vous êtes son frère... au nom du ciel, parlez-moi franchement : qu'est-elle devenue ? quel est son sort ?

GEORGES.

Que vous importe ?

FERDINAND.

Il faut que je sache...

GEORGES.

Pour en instruire votre ami! pour qu'il jouisse de son ouvrage!...

FERDINAND.

Pouvez-vous penser...?

GEORGES, avec amertume.

Eh bien! allez lui dire qu'il doit être satisfait, car elle est bien malheureuse!

FERDINAND.

Grand Dieu!...

GEORGES, de même.

Dites-lui que cette Augusta, qu'il a méconnue, qu'il a abandonnée, est seule, errante, sans appui, sans protecteur... que pour expier sa faute, pour cacher sa honte, elle a fui son pays, sa famille, qu'elle a renoncé à tout pour suivre les traces de celui qui causa ses malheurs; (Ferdinand fait un mouvement.) que son plus grand tourment est de l'aimer encore... (avec des larmes.) et de ne pouvoir arracher de son cœur l'image d'un ingrat qui ne donnerait pas une larme à son souvenir !

FERDINAND, agité, et à part.

Cet accent... ce regard!... ah! je n'ai plus qu'un moyen pour l'obliger à se trahir. (Haut.) Vous êtes sévère, monsieur Georges... mais d'Herlein est peut-être moins coupable.

GEORGES, ironiquement.

Ah! sans doute... vous devez l'excuser... vous!... qui lui donnez de si nobles exemples...

FERDINAND.

Allons... c'est encore pour ta femme... tu es jaloux... mais franchement, je n'y ai jamais songé sérieusement.

GEORGES.

Que dites-vous?...

(Catherine paraît.)

FERDINAND.

Je ne le pouvais pas... car puisqu'il faut te rassurer... apprends donc... que je suis marié secrètement !

GEORGES, avec un cri.

Marié... Dieu!...

FERDINAND.

Qu'as-tu donc ?

GEORGES, chancelant.

Je me meurs.

FERDINAND, le soutenant.

C'est elle! qu'ai-je fait, malheureux !

(Il la place sur une chaise.)

SCÈNE VI.

LES MÊMES; CATHERINE, accourant.

CATHERINE, criant.

Eh bien! mon mari qui se trouve mal!...

FERDINAND.

Vite, Catherine...

CATHERINE.

Ah! mon Dieu!... je suis toute tremblante.

(Elle court au fond.)

FERDINAND, pendant que Catherine est au fond.

Augusta! Augusta! (Il est à ses genoux, il lui tient une main.) Sa main est glacée.

CATHERINE, revenant.

A-t-on idée de cela? un homme qui perd connaissance sans savoir pourquoi! (A Ferdinand.) Aussi vous aviez bien besoin de venir porter le trouble dans notre ménage!

FERDINAND, regardant toujours Georges, à qui Catherine donne des soins.

Oh! oui, je suis le plus coupable...

CATHERINE.

Le voilà qui revient un peu...

FERDINAND.

Sa pâleur se dissipe ; (à lui-même.) je respire ! ah! courons vite chercher ma tante... elle seule peut plaider ma cause et obtenir mon pardon. (A Catherine.) Ma chère Catherine! les plus grands soins, je t'en conjure... je reviens à l'instant.

(Il sort.)

SCÈNE VII.

GEORGES, toujours évanoui, CATHERINE, le soignant et lui frappant dans les mains.

CATHERINE, avec ironie et sans regarder Ferdinand qui s'éloigne.

Ma chère Catherine! oh! ces monstres d'hommes! ils sont tous les mêmes... celui-là qui était marié... et il voulait m'épouser...; quelle horreur!... (Regardant Georges.) Mais, par exemple, je vous demande... celui-ci... qu'est-ce que ça lui fait que M. Ferdinand soit marié ou non? il me semble que si quelqu'un devait s'évanouir à cette nouvelle-là... c'était plutôt moi! (Regardant Georges, qui fait quelques mouvements.) Ah! le voilà qui ouvre les yeux...

GEORGES, cherchant des yeux.

Est-ce un rêve?... il est marié!...

CATHERINE.

C'est M. Ferdinand qu'vous cherchez... soyez tranquille... il est parti... ce vilain méchant... hum !

GEORGES.

Il est parti !...

CATHERINE.

Oui, mais il va revenir...

GEORGES, se levant vivement.

Ah! fuyons.

CATHERINE, *le soutenant.*

Eh bien! prenez donc garde...

GEORGES, *vivement.*

Je ne veux plus le revoir... je n'ai plus qu'à m'en éloigner... je pars!

CATHERINE.

Comment, monsieur... et votr' femme?

GEORGES.

Je ne suis pas votre mari... laissez-moi...

CATHERINE.

Qu'est-ce que vous dites, monsieur!

DUO.

AIR: Non, non, je ne partirai pas (LA BATELIÈRE).

GEORGES, *troublé.*

Loin de lui je porte mes pas;
Non, non, ne me retenez pas.

CATHERINE.

Il perd la têt', quel embarras!
Monsieur, vous ne partirez pas.

GEORGES, *à lui-même.*

Dans ma douleur cruelle,
Je n'ai plus qu'à mourir.
Je dois fuir l'infidèle
Qui vient de me trahir.

ENSEMBLE.

CATHERINE, *se récriant.*

Moi, vous trahir! (*bis.*)
Qu'ai-je donc fait? il n' répond pas...
Monsieur, vous ne partirez pas.

GEORGES.

Non, je veux partir de ce pas:
Ici ne me retenez pas.

ENSEMBLE.

CATHERINE, *sanglotant et s'appuyant contre la table
pour se soutenir.*

Non, non, je n'y survivrai pas!
Je sens que la forc' m'abandonne.
Comment arrêter ses pas?
Hélas! je n' vois personne
Pour arrêter ses pas.
Hélas! hélas!
Il ne m'écoute pas!

GEORGES.

Non, non, ne me retenez pas;
Gardez-vous de suivre mes pas!

(*Il sort désespéré.*)

SCÈNE VIII.

CATHERINE, *seule, sanglotant et tombant sur
une chaise.*

Georges! mon mari! Dieu!... je crois que je vais me trouver mal aussi!... je ne le verrai plus!... c'est-à-dire que me voilà veuve... il ne me manquait plus que ça!

SCÈNE IX.

CATHERINE, BLOUM.

CATHERINE.

C'est vous, mon père?

BLOUM.

Eh bien! qu'est-ce que tu as donc? te voilà tout en pleurs!

CATHERINE, *étouffant.*

Mon mari!... mon mari!...

BLOUM.

Comment! est-ce qu'il l'aurait battue... déjà!... ah! mais c'est trop tôt... je n'entends pas ça!...

CATHERINE, *sanglotant.*

Non; mon mari qui a des vapeurs...

BLOUM.

Des vapeurs?...

CATHERINE, *de même.*

C'est sûr qu'il a la tête perdue... je n'y conçois plus rien... il m'a cherché querelle, il m'a quittée, et m'a dit que je ne le reverrai jamais.

BLOUM.

Jamais?

CATHERINE.

C'est affreux! abandonner sa femme! il doit y avoir des lois qui empêchent ça..

BLOUM.

Je n'en sais rien, mais si je vois ce petit drôle...

CATHERINE.

Aussi v'là ce que c'est que de prendre le premier venu, et sur les grands chemins, encore!... comment voulez-vous qu'on aille aux informations?...

BLOUM.

Eh bien! si c'est un mauvais sujet... je ferai casser le mariage.

CATHERINE, *frappant du pied.*

Mais du tout... je ne veux pas... je l'aime, moi, ce garçon!... Faut-il avoir du malheur!... c'est toujours quand je commence à m'attacher qu'il m'arrive des accidents... Venez avec moi, mon père, il faut que nous le retrouvions...

BLOUM.

Je vais envoyer chercher monsieur Kokmann.

CATHERINE.

Oui, et pendant ce temps-là il sera parti... j'y vais toute seule... je veux ravoir mon mari.

(*Elle sort.*)

SCÈNE X.

BLOUM, *seul.*

Eh bien! à l'autre, à présent!... toutes les têtes sont en révolution. Nous y allons... nous y allons! Je ne sais pas, mais je n'ai pas idée que ce mariage-là tourne bien... il faut la suivre pourtant. (Il va pour sortir et s'arrête.) Qu'est-ce que je vois là?... madame la baronne, au milieu de la nuit!... quand je disais... personne n'est plus dans son assiette ordinaire.

(Il se range avec respect.)

SCÈNE XI.

BLOUM, LA BARONNE, FERDINAND.

FERDINAND.

Venez, venez, ma tante.

KOKMANN.

Madame la baronne, j'ai un rapport à vous faire.

LA BARONNE.

Tout-à-l'heure. (A son neveu.) Quoi! mon cher Ferdinand, c'est elle, tu en es bien sûr!

FERDINAND.

Oui, ma tante.

KOKMANN.

Mais, madame la baronne...

LA BARONNE.

Un moment. (A son neveu.) Pauvre petite!... tu vas réparer tes torts... où est-elle que je la voie?

FERDINAND, à Bloum.

Bloum, va chercher ton gendre.

BLOUM.

Mon gendre?

FERDINAND.

Oui, ton gendre... il est revenu à lui...

BLOUM.

C'est-à-dire... il est revenu!... au contraire il est parti...

FERDINAND.

Parti?

LA BARONNE.

Que veux-tu dire?

KOKMANN.

C'est justement ce que je voulais vous ap-prendre. Un scandale... ce jeune homme s'é-chappait sous des habits de femme.

BLOUM.

Sous des habits de femme!

KOKMANN.

Oui, vraiment; il sortait de l'auberge de la Couronne, il avait gagné un paysan qui lui ser-vait de guide...

FERDINAND.

Eh bien! qu'as-tu fait?

KOKMANN.

Ce que j'ai fait? D'abord j'ai trouvé ce déguise-ment fort déplacé, je lui ai dit qu'on n'aban-donnait pas ainsi le soir une petite femme qu'on avait épousée le matin... que diable, si tout le monde en faisait autant...

FERDINAND, avec impatience.

Enfin... tu l'as empêché de partir?

KOKMANN.

Je crois bien, et malgré ses prières, j'ai or-

donné de le reconduire au domicile conjugal, dans l'intérêt des mœurs...

FERDINAND, à Kokmann.

Ah! mon ami, mon sauveur!...

KOKMANN.

Le voici!..

SCÈNE XII.

LES MÊMES; AUGUSTA, vêtue très simplement et entourée de paysans.

AUGUSTA, à ceux qui l'entourent.

Laissez-moi, laissez-moi fuir.

FERDINAND, s'élançant près d'elle.

Augusta!...

AIR de Jeannot et Colin.

AUGUSTA.

Que vois-je! ô ciel! à mes genoux?
Grand Dieu! la force m'abandonne!

FERDINAND.

C'est ton amant, c'est ton époux!
Ah! dis-lui que ton cœur pardonne.

AUGUSTA, parlant.

Mon époux!

TOUS, de même.

Son époux!

FERDINAND.

D'une feinte cruelle
Combien je me repens!
Je suis libre, fidèle.

AUGUSTA.

Est-ce lui que j'entends?

BLOUM, KOKMANN et LES CHOEURS.

Eh quoi! c'est une femme!
Quelle était notre erreur!

ENSEMBLE.

LA BARONNE, FERDINAND.

Partagez $\left\{\begin{matrix} \text{son} \\ \text{mon} \end{matrix}\right\}$ bonheur.

AUGUSTA.

Je renais au bonheur.

FERDINAND.

Quel trouble dans mon ame!
Je reviens sous tes lois.
Ici mon cœur réclame
Ton amour et mes droits.

LA BARONNE.

Que le calme en votre ame
Renaisse à notre voix!
A vos pieds il réclame
Votre amour et ses droits.

AUGUSTA.

Qu'entends-je? eh quoi! madame,
Vous approuvez son choix?
Son amour dans mon ame
A repris tous ses droits.

BLOUM, KOKMANN, CHOEURS.

J'n'entends rien, sur mon ame,
A tout ce que je vois;

De Catherin' sa femme
Que vont d'venir les droits ?

(Augusta tend la main à Ferdinand, qui la baise avec
transport.)

BLOUM.

Je n'en reviens pas.

KOKMANN.

Et moi donc... moi qui ai été choisir justement pour cette pauvre petite Catherine... heu-
reusement que le mariage est nul, de toute nul-
lité... Ah ! mon Dieu ! la voici !

SCÈNE XIII.

LES MÊMES ; CATHERINE, arrivant en courant.

CATHERINE.

Ah ! je n'en puis plus... ah çà, décidément
y a-t-il quelqu'un qui puisse me donner des
nouvelles de mon mari ?

KOKMANN.

Ton mari !... oui, tiens le voilà qui va épouser
monsieur Ferdinand.

CATHERINE.

Monsieur Ferdinand ! qu'est-ce que vous dites
là ?... ah ben ! par exemple, je mets opposition...

BLOUM.

Est-ce que tu le peux ?... c'est une femme.

CATHERINE.

Une femme !

BLOUM.

Regarde plutôt.

CATHERINE, stupéfaite.

Là, je vous dis que ces choses-là sont faites
pour moi ; je parviens à en épouser un... et il
se trouve que ce n'est pas un mari !...

KOKMANN.

Calme-toi... si demain il passe quelque voya-
geur... je verrai...

CATHERINE.

Du tout ! je ne veux plus que vous vous en
mêliez !...

FERDINAND.

C'est moi qui m'en charge, je vais écrire pour
avoir le congé de Pierre.

LA BARONNE.

Il aura la dot que j'avais donnée à Georges.

AUGUSTA, prenant la main de Catherine.

Et je n'oublierai jamais que ce matin c'est
moi qui ai juré de faire votre bonheur. Catherine, je tiendrai ma promesse.

CATHERINE, soupirant.

Ah ! monsieur Georges ! vous êtes bien
bonne ! mais, voyez-vous, j'ai assez de bonheur
pour que Pierre se soit marié !

CHOEUR.

AIR de la Lune de miel.

Quel destin plein de charmes !
Enfin ce jour heureux
Dissipe vos alarmes
Et comble tous vos vœux !

CATHERINE, au public.

AIR du vaudeville du Piège.

En fait d'hymen, messieurs, j' n'ai pas d' bonheur,
Vous v'nez de l' voir... et je tremble d'avance ;
Car en c' moment j' réclame la faveur
  Ici d' faire une autre alliance.
Oui, je voudrais voir unis tout de bon
Et l'indulgence et c' parterr' si terrible...
Ah ! fait's ce soir que c'te douce union
N' soit pas encore un mariage impossible !

CHOEUR.

Quel destin plein de charmes ! etc.

FIN DU MARIAGE IMPOSSIBLE.

PARIS. — IMPRIMERIE NORMALE DE JULES DIDOT L'AÎNÉ,
n° 4, boulevart d'Enfer.